D1941989

Hochzeit [kompakt]

Hochzeit

[kompakt]

Dorothee Boss

echter

Dorothee Boss, geboren 1961, studierte Theologie an der Universität Bonn und Mediation an der Fernuniversität Hagen, arbeitet als freie Autorin und Publizistin und lebt in Aachen.

Bibliografische Information der Deutschen Nationalbibliothek

Die Deutsche Nationalbibliothek verzeichnet diese Publikation in der Deutschen Nationalbibliografie; detaillierte bibliografische Daten sind im Internet über ‹http://dnb.d-nb.de› abrufbar.

© 2009 Echter Verlag GmbH, Würzburg
www.echter-verlag.de

Umschlag: Peter Hellmund, Würzburg (Foto: © iStockphoto)
Fotos Innenteil: S. 21 und 25 © shutterstock,
S. 23 KNA-Bild, Bonn
Satz: Hain-Team, Bad Zwischenahn (www.hain-team.de)
Druck und Bindung: Konrad Triltsch GmbH, Ochsenfurt

ISBN 978-3-429-03106-0

Noch ein Hinweis für alle Leserinnen und Leser:
Zur besseren Lesbarkeit wird auf die gleichzeitige Verwendung männlicher und weiblicher Sprachformen verzichtet, ohne damit jedoch eine Diskriminierung zum Ausdruck bringen zu wollen.

INHALT

[Vorwort]

Wer möchte sie nicht erleben, die einzigartige, dauerhafte Liebe, die so stabil ist, dass sie alle Stürme des Lebens bis ans Ende der gemeinsamen Tage übersteht? Wer hofft nicht darauf, einen Menschen zu finden, so einmalig, dass sich die Liebe zu ihm unverwechselbar von anderen Lieben unterscheidet? Von dieser Liebe sprechen die Dichter, von dieser Zuneigung singen die Lieder, von solch einer Gnade spricht der Glaube. Im Zeitalter der Belastungen für die Liebe wünscht sich so mancher einen hilfreichen Schutz, einen belastbaren Begleiter für die Liebe, der sie trägt und auffängt, wenn sie ins Schleudern gerät.

Vielleicht wenden sich junge und alte Paare deshalb an die Kirchen mit dem Vorhaben „Wir wollen kirchlich heiraten!“ Es mag unter vielen Gründen für eine kirchliche Hochzeit auch diesen einen Grund geben, die eigene einzigartige Liebe zwischen Frau und Mann unter Gottes Schutz zu stellen.

Eheschließung ist aber auch zumeist eine ‚Familiensache‘, ein hoher Tag der Familie, der Freundinnen und Freunde, der nahen und fernen Verwandten. Es gibt wohl kaum ein Ritual, welches so intensiv feiern lässt, so übermütig und begeistert gelebt und inszeniert wird wie eine kirchliche Hochzeit.

Eine kirchliche Hochzeit feiert die Liebe und bindet sie. Es ist ein wirkmächtiges Zeichen, zueinander vor Gott ‚Ja' zu sagen und die Treue und Liebe einander zu versprechen, solange das eigene Herz und das Herz des geliebten Du schlägt. Die kirchliche Eheschließung ist eine Zusage, in guten wie in schlechten Tagen, mit diesem einen unverwechselbaren Menschen, mit seinen besten Seiten wie mit seinen Ecken und Kanten, für immer zueinanderzuhalten.

Dieser kleine Band möchte in die Idee und die Praxis der kirchlichen Hochzeit einführen. Neben einer kurzen Einführung in den Sinn einer kirchlichen Hochzeit finden sich hier detailliert der Ablauf einer kirchlichen Trauung innerhalb eines Wortgottesdienstes sowie Hinweise auf den Ablauf in einer Eucharistiefeier wie einer sogenannten ‚Ökumenischen Trauung' zwischen konfessionsverschiedenen Brautleuten.

Vorschläge für Bibelstellen, für Gebete, Fürbitten, Segenssprüche und Gedichte ergänzen den liturgischen Teil. Für den interessierten Leser wie den erfahrenen Gottesdienstbesucher stehen kurze Informationen zur Geschichte der kirchlichen bzw. katholischen Hochzeit sowie Erläuterungen zu den einzelnen Ritualen und Symbolen in der Kirche zur Verfügung. Den Abschluss bilden praktische Tipps zur Trauungsvorbereitung und Gestaltung der Hochzeitsfeier in der Pfarrgemeinde.

Jede kirchliche Trauung ist eine einmalige Feier. Zwei einzigartige Menschen, die ihre Liebe Gott und der Kirche anvertrauen, stehen im Mittelpunkt des Hochzeitstages. Die hier vorliegenden Gebete und Schriftlesungen können deshalb in vielen Bereichen auf die konkrete Situation der Brautleute angepasst werden.

[Vom Sinn der kirchlichen Trauung]

„Warum ist es sinnvoll, als katholisches Paar nicht nur zivil, sondern auch kirchlich zu heiraten? Die kirchliche Trauung zeigt den Liebenden, wo ihre Hoffnung, geliebt zu werden und zu lieben, eine letzte Antwort finden kann.“

(Deutsche Bischofskonferenz, 2000)

Dies ist der zentrale Grund für eine christliche Eheschließung, denn kirchlich heiraten muss heute niemand mehr. Welchen ‚Gewinn‘ aber hat ein Paar davon, seine Ehe in der Kirche – vor Gott und der Gemeinde – zu schließen? Auf der einen Seite ist für viele Menschen eine religiöse Dimension ihres Lebens bewusst vorhanden. Auf der anderen Seite ist die allzumenschliche Sehnsucht nach dauerhafter Geborgenheit und Halt in der Liebe zu einem Partner tief verwurzelt. Sie geht manchmal sogar so weit, dass fast alle Wünsche und Sehnsüchte auf den Partner übertragen werden. Menschen sehnen sich nach Ekstase und Verschmelzung, weil dies dem kindlichen Wunsch entspricht, der am Anfang seines Lebens erfüllt erschien – im Mutterleib und in den Armen der Eltern.

Aber, was als Säugling und Kleinkind noch notwendig war, um zu überleben, vollkommene Abhängigkeit und Verwiesenheit auf Mutter und Vater, wird im Erwachsenenleben zu einer absoluten Überforderung. Die Sehnsucht nach vollkommener Annahme seiner selbst, nach dauerhaftem Halt und Sicherheit, kann von keinem Menschen gestillt werden. Im Kern kann sie nur als religiöse Sehnsucht Gestalt annehmen. Glauben Menschen an Gott, so kann dieses ganz Andere, Größere der Liebe, das Menschen im anderen Menschen suchen, in den Sternstunden der Liebe wie in ihren dunklen Stunden der Krise aufleuchten.

Im christlichen Glauben wird also die Dimension der göttlichen Liebe jenseits der menschlichen Realität angesprochen: In jeder Liebe äußert sich danach die göttliche Liebe, die in Jesus Christus Gestalt angenommen hat. Umgekehrt verwirklicht sich die göttliche Liebe in jeder irdischen Liebe, im Glück wie im Leid. Dies wird in der kirchlichen Trauung gefeiert und ausgedrückt.

Im katholischen Verständnis wird dieser Zusammenhang noch direkter angesprochen. Die Ehe ist ein Sakrament, ein Zeichen der Nähe Gottes, welches sich auf den Alltag der Ehe auswirkt: Dauer, Stärke, Kraft der Liebe wird von Gott in die Ehe gegeben. Weil die Ehe das Abbild des göttlichen Bundes mit den Menschen ist, deshalb gilt die Ehe zwischen Christen als unauflöslich.

Das Sakrament der Ehe ist aber auch ein Sakrament der Freiheit und Autonomie der Liebenden: Wird jemand zur Eheschließung gezwungen, ist sie nicht gültig. Da der Kirche die freie Entscheidung jedes Ehepartners sehr wichtig ist, werden beide vor der Trauung ausdrücklich danach gefragt. Es ist das einzige Sakrament der Kirche, welches sich allein die Brautleute gegenseitig spenden. Der Geistliche, sei es ein Diakon, Priester oder Bischof, ist nur Trauassistent und Zeuge.

Ansonsten: Das einfache ‚Ja', die öffentliche Bekundung, nun eine katholische Ehe zu schließen, begründet einen lebenslangen Bund. Die Ehe ist ohne Vorbehalte und Bedingungen ein Bund fürs ganze Leben. Das ‚Ja' in der Trauung ist aber auch Ausdruck des Entschlusses zu einer ausschließlichen Bindung an diesen einzigen Ehepartner. Es bedeutet ebenfalls, dass die Eheleute die Kinder annehmen, die Gott ihnen schenken will, und sie christlich taufen zu lassen und zu erziehen.

Bei aller Festigkeit des Sakramentes ist die Ehe aber immer auch ein „Sakrament im Werden". Menschen entwickeln sich im Laufe ihrer Jahre, verändern sich, und damit auch ihre Partnerschaft. Auch die christliche Ehe ist kein statischer, sondern ein lebendiger, auch manchmal brüchiger Lebensbund, der seine sakramentale Stabilität im Alltag erst entwickeln muss.

Glauben Menschen an Gott, dann fühlen sie sich von Gott persönlich angenommen, in guten wie in bösen Tagen, im Alltag wie in der ‚Hochzeit', in Wirbelstürmen wie in Windflauten: Gläubige Menschen erleben sich von Gott unbedingt angenommen als einzigartiges Ich, als einzigartiges Paar. Gott selber wird in der Trauung als Begleiter des ‚Eheschiffs' auf dem

Meer des Lebens bewusst ‚an Bord' genommen. Damit diese Ehe sowohl wilde Stürme übersteht wie in den stillen Wassern des Lebens ihren Kurs findet, braucht das neuvermählte Paar einen starken und zuverlässigen Partner. In Gottes Sohn, Jesus Christus, findet das Ehepaar denjenigen, der ihr Leben mit ihnen teilt und dessen Kraft über die menschlichen Möglichkeiten hinausragt, denn letztlich bleibt eine glückliche lebenslange Ehe ein göttliches Geheimnis. Auf Gottes bedingungslose Zuwendung dürfen beide Eheleute immer vertrauen, ‚in guten und in bösen Tagen', ein Leben lang (Vgl. Bischöfliches Ordinariat Würzburg – Ehe wir heiraten).

[Die Feier der kirchlichen Trauung]

Grundsätzlich kann man die kirchliche Trauung als Wort-Gottes-Feier (Wortgottesdienst) und anderseits innerhalb einer Eucharistiefeier (Messe) begehen. Üblich ist die Trauung in einer Brautmesse, vermehrt werden auch Trauungen als Wort-Gottes-Feiern abgehalten.

Es ist meist üblich, dass der Priester oder Diakon die Brautleute zu Beginn des Gottesdienstes am Kirchenportal abholt. Nach der anderen – angelsächsischen – Form begleitet der Vater der Braut diese zum Altar, wo sie vom Bräutigam erwartet wird. Brautführerinnen begleiten in einigen Fällen die Braut. Die Hochzeitskerze steht meist schon auf dem Altar.

[Trauung im Wortgottesdienst]

Eröffnung

Einzug

z. B. „Hochzeitsmarsch von Mendelssohn-Bartholdy" op. 61
Den Einzug der Brautleute begleitet meist ein festliches Orgelspiel. Der Zelebrant zieht entweder mit den Brautleuten ein oder zieht ein, nachdem sie ihre Plätze eingenommen haben. Er verehrt den Altar und begibt sich zum Priestersitz.

Lied zum Beginn

z. B. „Den Herren will ich loben“ Gotteslob 261

Begrüßung und Einführung

Der Gottesdienst beginnt mit dem gemeinsamen Kreuzzeichen und dem liturgischen Gruß.

Zelebrant: *Der Herr sei mit Euch!*

Alle: *Und mit Deinem Geiste.*

Zelebrant: *Liebes Brautpaar! Sie sind gekommen, um vor Gott und der Kirche die Ehe zu schließen und für sich den Segen Gottes zu erbitten. Ich heiße Sie, Ihre Angehörigen, Gäste und alle Mitfeiernden in unserer Kirche herzlich willkommen. Wir nehmen teil an Ihrer Freude und sind mit Ihnen in Dank und Bitte verbunden.*

Kyrie

Mit dem Kyrie wird Jesus inmitten der Gemeinde begrüßt. Das Kyrie war ursprünglich ein Huldigungsruf an den antiken Herrscher. Hier können eigene Kyrie-Rufe für den Trauungsgottesdienst gestaltet werden.

Tagesgebet

Der Zelebrant lädt nun die Brautleute und die Gemeinde zum Tagesgebet ein, indem er die Gebete anlässlich dieser Trauung zusammenfasst:

Zelebrant: *Erhöre, Herr, unsere Bitte, segne die Braut und den Bräutigam, die sich vor deinem Altar zur eheli-*

chen Gemeinschaft verbinden, und gib, dass sie einander allezeit in Liebe und Treue beistehen. Darum bitten wir durch Christus, unseren Herrn.
Alle: *Amen.*

Wortgottesdienst

Im Mittelpunkt des Wortgottesdienstes steht Gottes Wort. In den biblischen Lesungen wird dieses Wort verkündet und in Gesängen und Homilien/Ansprachen ausgelegt.

Lesung

Hier bietet sich an, dass Trauzeugen oder Freunde/Familienmitglieder des Brautpaares die Aufgabe eines Lektors (Vorleser) übernehmen. Beispieltexte finden Sie in diesem Buch.

Antwortgesang

z. B. „Herr unser Herr, wie bist Du zugegen" Gotteslob 298
Schön wirkt hier auch ein Sologesang, ein gesungener Psalm oder ein Chorlied.

Evangelium

Im Zentrum des Wortgottesdienstes steht das Wort Gottes, und für Christen sind die Evangelien die entscheidenden Schriften, da hier aus dem Leben Jesu berichtet wird. Die vier Evangelien stammen von Matthäus, Markus, Lukas und Johannes. Aus Respekt vor dem Wort Gottes stehen alle zum Hören des Evangeliums auf. Der

Zelebrant liest nun einen Text eines ausgewählten Evangeliums vor. Beispiele finden Sie in diesem Buch.

Predigt/Homilie

Der Zelebrant geht nun in persönlichen Worten auf den Sinn und die Würde der christlichen Ehe ein. Außerdem ergibt sich hierdurch eine Überleitung zu der nun darauf folgenden Trauung.

Trauung

Die Trauung beginnt mit der Befragung nach der Bereitschaft zur christlichen Ehe. Die Trauzeugen treten nun neben das Brautpaar.

Zelebrant:

Liebes Brautpaar! Sie sind in dieser entscheidenden Stunde Ihres Lebens nicht allein. Sie sind umgeben von Menschen, die Ihnen nahestehen. Sie dürfen die Gewissheit haben, dass Sie mit dieser (unserer) Gemeinde und mit allen Christen in der Gemeinschaft der Kirche verbunden sind. Zugleich sollen Sie wissen: Gott ist bei Ihnen. Er ist der Gott Ihres Lebens und Ihrer Liebe. Er heiligt Ihre Liebe und vereint Sie zu einem untrennbaren Lebensbund. Ich bitte Sie zuvor, öffentlich zu bekunden, dass Sie zu einer christlichen Ehe entschlossen sind.

Nun fragt der Zelebrant das Brautpaar, beginnend mit dem Bräutigam:

Zelebrant: *(Name), ich frage Sie: Sind Sie hierhergekommen, um nach reiflicher Überlegung und aus freiem Entschluss mit Ihrer Braut (Name) den Bund der Ehe zu schließen?*

Bräutigam: *Ja.*

Zelebrant: *Wollen Sie Ihre Frau lieben und achten und ihr die Treue halten alle Tage ihres Lebens?*

Bräutigam: *Ja.*

Der Zelebrant richtet dieselben Fragen an die Braut:

Zelebrant: *(Name), ich frage Sie: Sind Sie hierher gekommen, um nach reiflicher Überlegung und aus freiem Entschluss mit Ihrem Bräutigam (Name) den Bund der Ehe zu schließen?*

Braut: *Ja.*

Zelebrant: *Wollen Sie Ihren Mann lieben und achten und ihm die Treue halten alle Tage seines Lebens?*

Braut: *Ja.*

Zelebrant fragt nun beide Brautleute (diese Frage entfällt bei älteren Brautleuten):

Zelebrant: *Liebes Brautpaar! Sind Sie beide bereit, die Kinder anzunehmen, die Gott Ihnen schenken will und sie im Geist Christi und der Kirche zu erziehen?*

Braut und Bräutigam: *Ja.*

Zelebrant: *Sind Sie beide bereit, als christliche Eheleute Mitverantwortung in der Kirche und in der Welt zu übernehmen?*

Braut und Bräutigam: *Ja.*

Segnung der Ringe

Die Ringe sind ein Symbol für die dauerhafte Liebe und Treue, die sich die Partner versprechen.

Vor der Eheschließung werden diese gesegnet:

Zelebrant: *Sie sind also beide zur christlichen Ehe bereit. Bevor Sie den Bund der Ehe schließen, werden die Ringe gesegnet, die Sie einander anstecken werden.*
Herr und Gott, du bist menschlichen Augen verborgen, aber dennoch in unserer Welt zugegen. Wir danken dir, dass du uns deine Nähe schenkst, wo Menschen einander lieben. Segne + diese Ringe, segne diese Brautleute, die sie als Zeichen ihrer Liebe und Treue tragen werden. Lass in ihrer Gemeinschaft deine verborgene Gegenwart unter uns sichtbar werden. Darum bitten wir durch Christus, unseren Herrn.
Alle: *Amen.*

Vermählung
Die Vermählung ist die öffentliche Willensbekundung der Brautleute, die christliche Ehe miteinander zu schließen. Es gibt zwei Möglichkeiten: den Vermählungsspruch oder das Ja-Wort. Beide Formen sind mit dem Anstecken der Ringe verbunden. Die Brautleute schließen durch diesen Ritus miteinander den Bund der christlichen Ehe und spenden sich gegenseitig nach dem Glauben der Kirche das Ehesakrament.

Vermählung durch den Vermählungsspruch:
Zelebrant: *So schließen Sie jetzt vor Gott und vor der Kirche den Bund der Ehe, indem Sie das Vermählungswort sprechen. Dann stecken Sie einander den Ring der Treue an.*
Der Bräutigam nimmt den Ehering seiner Braut:

(Vorname), vor Gottes Angesicht nehme ich dich an als meine Frau. Ich verspreche dir die Treue in guten

und bösen Tagen, in Gesundheit und Krankheit, bis der Tod uns scheidet. Ich will dich lieben, achten und ehren alle Tage meines Lebens.

Der Bräutigam steckt der Braut den Ehering an den Finger und spricht:

Trag diesen Ring als Zeichen unserer Liebe und Treue: Im Namen des Vaters und des Sohnes und des Heiligen Geistes.

Die Braut nimmt den Ehering ihres Bräutigams und spricht:

(Vorname), vor Gottes Angesicht nehme ich dich an als meinen Mann. Ich verspreche dir die Treue in guten und bösen Tagen, in Gesundheit und Krankheit, bis der Tod uns scheidet. Ich will dich lieben, achten und ehren alle Tage meines Lebens.

Die Braut steckt ihrem Bräutigam den Ehering an den Finger und spricht:

Trag diesen Ring als Zeichen unserer Liebe und Treue: Im Namen des Vaters und des Sohnes und des Heiligen Geistes.

Alternativ:

Vermählung durch das Ja-Wort:

Der Zelebrant fordert das Brautpaar auf, durch das Ja-Wort seinen Ehewillen zu erklären:

Zelebrant:

So schließen Sie jetzt vor Gott und vor der Kirche den Bund der Ehe, indem Sie das Ja-Wort sprechen. Dann stecken Sie einander den Ring der Treue an.

Er fragt zuerst den Bräutigam:

Zelebrant:

(Name), ich frage Sie vor Gottes Angesicht: Nehmen Sie Ihre Braut (Name) an als Ihre Frau und versprechen Sie, ihr die Treue zu halten in guten und bösen Tagen, in Gesundheit und Krankheit, und sie zu lieben, zu achten und zu ehren, bis der Tod Sie scheidet?

Bräutigam: *Ja.*

Zelebrant:

Nehmen Sie den Ring, das Zeichen Ihrer Liebe und Treue, stecken Sie ihn an die Hand Ihrer Braut und sprechen Sie: „Im Namen des Vaters und des Sohnes und des Heiligen Geistes“.

Bräutigam:

Im Namen des Vaters und des Sohnes und des Heiligen Geistes. Trag diesen Ring als Zeichen unsrer Liebe.

Der Zelebrant fragt nun die Braut:

Zelebrant:

(Name), ich frage Sie vor Gottes Angesicht: Nehmen Sie Ihren Bräutigam (Name) an als Ihren Mann und versprechen Sie, ihm die Treue zu halten in guten und bösen Tagen, in Gesundheit und Krankheit, und ihn zu lieben, zu achten und zu ehren, bis der Tod Sie scheidet?

Braut: *Ja.*

Zelebrant:

Nehmen Sie den Ring, das Zeichen Ihrer Liebe und Treue, stecken Sie ihn an die Hand Ihres Bräutigams und sprechen Sie: „Im Namen des Vaters und des Sohnes und des Heiligen Geistes“.

Braut:

Im Namen des Vaters und des Sohnes und des Heiligen Geistes.

Bestätigung der Vermählung

Der Zelebrant als Vertreter der Kirche fordert nun das Brautpaar auf:

Reichen Sie nun einander die rechte Hand. Gott, der Herr, hat Sie als Frau und Mann verbunden. Er ist treu. Er wird zu Ihnen stehen und das Gute, das er begonnen hat, vollenden.

Der Zelebrant legt die Stola (Symbol seines kirchlichen Amtes) um die ineinander gelegten Hände des Brautpaares. Er legt seine rechte Hand darauf und spricht:

Zelebrant:

Im Namen Gottes und der Kirche bestätige ich den Ehebund, den Sie geschlossen haben.

Der Zelebrant wendet sich nun an die Trauzeugen und an die Festgemeinde und spricht:

Zelebrant:

Sie aber und alle, die zugegen sind, nehme ich zu Zeugen dieses heiligen Bundes. „Was Gott verbunden hat, das darf der Mensch nicht trennen."
(Matthäusevangelium 19, 6)

Entzündung der Hochzeitskerze

Es ist nun möglich, die Hochzeitskerze durch die Trauzeugen anzünden zu lassen. Dabei kann der Zelebrant zum Beispiel sprechen:

Seit dem Mittelalter gehört die Kerze als Symbol der Liebe zur Trauungsfeier. Sie weist darauf hin, dass Gott Ihnen als Ehepaar mit seiner Nähe immer treu bleiben wird. Diese Ihre Traukerze soll Sie auf ihrem Weg begleiten und Sie auch bei den kommenden Familienfesten daran erinnern: Gottes Licht ist immer bei Ihnen.

Jetzt wird oft ein Lied oder Musikstück vorgetragen.

Feierlicher Trauungssegen

Danach spricht der Zelebrant über die Brautleute den feierlichen Trauungssegen. Er kann sie auffordern, sich niederzuknien. Er lädt damit die Versammelten ein, für das Brautpaar zu beten:

Lasst uns beten Brüder und Schwestern, zu Gott, unserm Vater, und ihn um seinen Segen bitten für dieses Brautpaar. Er möge mit seiner Hilfe immer bei ihnen sein, die er heute vereint hat im heiligen Ehebund.

Es folgt eine Gebetsstille. Dann breitet der Zelebrant die Hände aus und spricht:

Heiliger Vater, Schöpfer der Welt, du hast Mann und Frau nach deinem Bilde geschaffen und ihre Gemeinschaft gesegnet. Wir bitten dich für (Name) und (Name), die sich hier im Sakrament der Ehe verbinden.

Dann streckt der Zelebrant seine Hände aus und spricht:

Dein reicher Segen, Herr, komme herab auf Bräutigam und Braut, und die Kraft des Heiligen Geistes stärke ihre Liebe zueinander. Lass sie mit Kindern gesegnet sein zu ihrer Freude und zur Freude deiner Kirche (letztere Bitte entfällt bei älteren Paaren).

Gib ihnen die Gnade, dass sie in frohen Tagen dich loben, bei dir Trost finden in der Trauer, deine Hilfe spüren in der Not und bei all ihrem Tun deine Nähe erfahren. Steh ihnen bei, damit sie dir in der Gemeinschaft der Kirche danken und in der Welt Zeugnis für dich geben.
Gib ihnen ein erfülltes Leben mit ihren Verwandten und Freunden und führe sie nach dieser Zeit zum ewigen Hochzeitsmahl.
Darum bitten wir durch Jesus Christus, deinen Sohn, unsern Herrn und Gott, der in der Einheit des Heiligen Geistes mit dir lebt und herrscht in alle Ewigkeit.
Alle: *Amen.*
Lied z. B. „Lobe den Herren" Gotteslob 258,
alternativ Orgelspiel oder Instrumentalmusik

Fürbitten
Die Fürbitten sind das ‚Allgemeine Gebet der Gläubigen'. In diesen aufeinanderfolgenden Gebetsbitten betet die versammelte Hochzeitsgemeinde für das Brautpaar, dessen Familien und Freunde, für die lebenden und verstorbenen Angehörigen, aber auch in den Anliegen der Kirche, für das Heil der Welt und alle Not der Menschen. Die einzelnen Bitten können von verschiedenen Hochzeitsgästen, Verwandten, Trauzeugen, Freunden, gesprochen werden. Auf jede einzelne Bitte antwortet die ganze Gemeinde *„Wir bitten Dich, erhöre uns."* – Oder der Lektor spricht: *„Christus, höre uns."* Die Gemeinde antwortet: *„Christus, erhöre uns."* Der Zelebrant be-

schließt die Fürbitten mit einem Gebet. Ein Beispiel für Fürbitten finden Sie hier in diesem Buch.

Vater unser – Gebet des Herrn

Das Vaterunser ist das gemeinsame Gebet aller Christen. Der Zelebrant lädt nun alle ein, dieses zentrale Gebet gemeinsam zu singen oder zu sprechen. Er kann dazu mit folgenden oder ähnlichen Worten einladen:

Zelebrant: *Lasst uns alle gemeinsam zu Gott, unserem Vater, beten, wie unser Herr Jesus Christus uns zu beten gelehrt hat.*

Alle:

Vater unser im Himmel,
geheiligt werde dein Name.
Dein Reich komme.
Dein Wille geschehe,
wie im Himmel, so auf Erden.
Unser tägliches Brot gib uns heute.
Und vergib uns unsere Schuld,
wie auch wir vergeben unsern Schuldigern.
Und führe uns nicht in Versuchung,
sondern erlöse uns von dem Bösen.
Denn dein ist das Reich
und die Kraft und die Herrlichkeit
in Ewigkeit. Amen.

Schlussgebet

Zum Abschluss der Trauungsfeier im Wortgottesdienst wird ein Schlussgebet vom Zelebranten gesprochen.

Zelebrant:

Wir danken dir, guter Gott, für diese Stunde, in der du (Name) und (Name) als Mann und Frau für immer verbunden hast. Bleibe bei ihnen. Begleite sie auf ihrem Weg. Sei du im Dunkeln ihr Licht, in der Mühe ihre Kraft, in der Erschöpfung ihre Rast und alle Tage ihr Ziel, in dem sie das Glück und den Frieden finden. Darum bitten wir Dich durch Christus, unseren Herrn.

Alle: *Amen.*

Abschluss

Unterzeichnen der Trauungsdokumente und Überreichen der Gaben

Je nach Brauch werden vor dem Schlusssegen die Trauungsdokumente unterzeichnet. Danach kann der Zelebrant den Neuvermählten die Trauungsurkunde überreichen. Ebenfalls je nach Brauch werden den Neuvermählten Brot, Salz, Wein und Kerzen, eine Bibel oder ein anderes passendes Geschenk überreicht.

Schlusssegen

Zelebrant:

Gott, der allmächtige Vater, bewahre euch in seiner Liebe, und der Friede Christi wohne stets in eurem Hause. Gott segne euch (in euren Kindern) alle Tage eures Lebens; er gebe euch treue Freunde und den Frieden mit allen Menschen. Seid in der Welt Zeugen der göttlichen Liebe und hilfsbereit zu den Armen und Bedrückten, damit sie euch einst in den ewigen Wohnun-

gen empfangen. Und euch alle, die ihr zu dieser Feier versammelt seid, segne der allmächtige Gott, der Vater und der Sohn und der Heilige Geist.

Alle: *Amen.*

Nach dem Segen zieht das Brautpaar aus der Kirche aus – meist in Begleitung von festlicher Musik – in die meist direkt nachfolgende fröhliche Hochzeitsfeier und hoffentlich in ein gelungenes und glückliches gemeinsames Leben.

[Trauung in der Eucharistiefeier]

Grundsätzlich entspricht der Verlauf der Trauung mit Eucharistiefeier der Trauung in einer Wort-Gottes-Feier. Nach den Fürbitten beginnt die eucharistische Feier.

Gabenlied

Anschließend betet der Priester das Gabengebet und das große **Lobgebet** (Präfation).

Die Gemeinde singt das **Heilig-Lied (Sanctus)**. Danach spricht der Priester das **Hochgebet mit den Wandlungsworten**. Dann spricht die Gemeinde das **Vaterunser**. Es folgt der **Friedensgruß**.

Kommunionspendung

Hier können Braut und Bräutigam und gegebenenfalls die übrigen Feiernden Leib und Blut Christi in Brot und Wein empfangen. Zur Kommunion kann ein Lied oder Musikstück gespielt werden, z. B. von Georg Friedrich Händel: Largo.

Unterzeichnen der Trauungsdokumente und Überreichung der Gaben

Schlusssegen

Lied zum Auszug

z. B. großer Gott, wir loben Dich Gotteslob 257

[Gemeinsame oder ‚Ökumenische' Trauung]

In einer katholischen Kirche unter Beteiligung des evangelischen Pfarrers/Pfarrerin

Eröffnung
Empfang des Brautpaares
Einzug
Lied der Gemeinde
Einführung
Eröffnungsgebet

Wortgottesdienst
Lesung(en)
Gesänge zur Schriftlesung
Predigt
Lied der Gemeinde
Trauung
Befragung der Brautleute
Segnung der Ringe
Vermählung
Bestätigung der Vermählung
Feierlicher Trauungssegen
Fürbitten
Vaterunser
Lied der Gemeinde
Schlussgebet

Abschluss
Überreichung von Gaben
Schlusssegen
Entlassung
Auszug

In einer evangelischen Kirche unter Beteiligung eines katholischen Priesters/Diakons:

Eröffnung
Empfang des Brautpaares
Einzug
Lied der Gemeinde
Gruß
Einführung
Psalm- oder Eingangsgebet

Verkündigung – Bekenntnis – Segnung
Schriftlesung
Predigt
Lied der Gemeinde
Gottes Wort für die Ehe
Traubekenntnis
Übergabe der Ringe und Handreichung
Segnung
Lied der Gemeinde

Sendung
Fürbitten
Gebet des Herrn – Vaterunser
Lied der Gemeinde
Überreichung von Gaben
Segen
Auszug

[Kleine Geschichte der kirchlichen Trauung]

Seit Menschengedenken gibt es die Ehe als lebenslange Bindung zwischen Mann und Frau.

Aber die christliche und auch die katholische Eheauffassung ist vergleichsweise jung. Ihre Grundlagen wurden zwar vor fast 2000 Jahren gelegt. Die katholische Trauungsform, wie wir sie heute kennen, ist aber erst knapp 350 Jahre alt.

Als sich vor fast 2000 Jahren die ersten christlichen Gemeinschaften in Judäa sowie in Kleinasien und Griechenland entwickelten, lag eine christliche Ehevorstellung natürlich noch nicht vor. Die Menschen, die Christen wurden, waren meist verheiratet und brachten ihre je eigenen kulturellen Vorstellungen von einem Lebensbund zwischen Mann und Frau in ihren neuen Glauben mit. Entscheidend war allein der Glaube an Jesus Christus, den Retter und Sohn Gottes, nicht eine feste Ehemoral. Aber recht bald entwickelten sich spezielle Ehevorstellungen, mit denen sich das junge Christentum von seiner heidnischen Umgebung u. a. auch absetzen wollte.

Das christliche Eheideal hat seine Wurzeln im Neuen Testament, wobei das Neue Testament die Ehevorstellung und die Einzelheiten der praktischen Regelungen aus dem Alten Testament entlehnt und als bekannt voraussetzt. Das Bild der Ehe zwischen Mann und Frau (bei den Patriarchen auch mehrere Frauen) ist die zentrale Metapher für den Bund zwischen dem Volk Israel und Gott im Alten Testament. Das Auf und Ab einer leidenschaftlichen Ehebeziehung zwischen Gott und Volk ist z. B. das durchlaufende Thema der Prophetenbücher. Das Alte Testament zeigt eine außerordentlich hohe Wertschätzung der unbedingten Gültigkeit der Ehe. Gott schafft nach dem jahwistischen Schöpfungsbericht die Frau als Partnerin und Hilfe des Mannes (Genesis 2, 18–25), im priesterschriftlichen Schöpfungsbericht stellen Mann und Frau zusammen das Abbild Gottes dar (Genesis 1, 26–31).

Im Neuen Testament wird auch Jesus mit den Fragen nach der Ehescheidung – unter Juden – konfrontiert und soll dazu aus seiner Sicht entsprechend eine Expertise leisten. Die Stelle im Markusevangelium 10, 2–12 und seine Parallelstellen bei Matthäus und Lukas werden später zu Grundlagen der christlichen Ehevorstellung.

„Da kamen Pharisäer zu ihm und fragten: Darf ein Mann seine Frau aus der Ehe entlassen? Damit wollten sie ihm eine Falle stellen. Er antwortete ihnen: Was hat euch Mose vorgeschrieben? Sie sagten: Mose hat erlaubt, eine Scheidungsurkunde auszustellen und die Frau aus der Ehe zu entlassen. Jesus entgegnete ihnen: Nur weil ihr so hartherzig seid, hat er euch dieses Gebot gegeben. Am Anfang der Schöpfung aber hat Gott sie als Mann

und Frau geschaffen. Darum wird der Mann Vater und Mutter verlassen, und die zwei werden ein Fleisch sein. Sie sind also nicht mehr zwei, sondern eins. Was aber Gott verbunden hat, das darf der Mensch nicht trennen. Zu Hause befragten ihn die Jünger noch einmal darüber. Er antwortete ihnen: Wer seine Frau aus der Ehe entlässt und eine andere heiratet, begeht ihr gegenüber Ehebruch. Auch eine Frau begeht Ehebruch, wenn sie ihren Mann aus der Ehe entlässt und einen anderen heiratet.“

Hier ist bereits auffallend, dass in den Evangelien, die ja viel später nach Jesu Leben aufgeschrieben worden sind, die Ehe scheinbar vor allem unter dem Blickwinkel der Ehescheidung diskutiert wird. Schaut man einmal genauer hin, so entpuppt sich gerade diese Stelle bei Markus aber vor allem als ausdrückliche Verteidigung der Würde der Frau in der Ehe. Jesus stellt die Würde und das Recht der Frau gegenüber dem Recht des Mannes heraus, denn in einer bestimmten engen Auslegung jüdischen Eherechts konnte damals der Ehemann seine Frau auch wegen eines angebrannten Abendessens entlassen. Die Entlassung der Frau aus der Ehe ohne einen triftigen Grund entspricht aber nach Jesus nicht Gottes Willen. Damit handelt es sich im Markusevangelium 10, 2–12 nicht um eine Aussage des absoluten Verbotes der Ehescheidung an sich. Im Lukasevangelium 16, 18 dagegen (Lukas schrieb sein Evangelium etwa 20 Jahre später als Markus) wird das Gebot der lebenslangen Treue rigoroser ausgeführt: Das jüdische Gesetz der Unauflöslichkeit der Ehe gilt bis zum Ende der Zeiten.

Auch Paulus steht in seinen von ihm gegründeten Gemeinden vor einem offensichtlich häufigen Problem. So formuliert er: „Wenn sie aber geschieden ist, so bleibe sie unverheiratet oder versöhne sich mit ihrem Mann." (1. Brief an die Korinther 7, 11). Paulus hält die Ehe zwischen Christen und Nichtchristen darüber hinaus für auflösbar (1. Brief an die Korinther 7, 15 f. – Paulinisches Privileg).

Eine entscheidende Wirkung für das kirchliche Eheverständnis hat der zwischen 80–90 n. Chr. verfasste Text des Epheserbriefs: Hier wird nicht nur historisch bedingt die Unterordnung der Frau unter den Patriarchat des Mannes gefordert, sondern auch die Vorstellung einer Analogie des Bundes Christus – Kirche mit dem Ehebund entworfen: Der menschliche Ehebund wird hier als Parallele zum Christusbund mit der Kirche verstanden. Die religiöse Hierarchie zwischen Gott und Menschen wird auf die Ehe übertragen. Hier zeigt sich die Vorstellung von einer christlichen Ehe, die quasi irdisches Abbild der göttlichen Beziehung sein soll. Dieses Verhältnis wird ein großes Mysterium genannt (Brief an die Epheser 5,32). Aufgrund dieser Identifizierung zwischen göttlichem und menschlichem Bund wird der christliche Ehebund zu einem Zeichen des Bundes der Kirche mit Christus aufgewertet. Wie die Beziehung zwischen Christus und Kirche als Urbild einer vollkommenen Ehe verstanden wird, soll die irdische christliche Ehe ebenfalls ein vollkommenes Vorbild für die Christen sein. Dies spielt in der weiteren Entwicklung der kirchlichen Ehetheologie eine nicht zu unterschätzende Rolle: Die christliche Ehe wird zum Sakrament und damit absolut unauflösbar verstanden, weil dieses heilige Zeichen von Gott kommt.

Die heutige Trauungsform in den christlichen Kirchen dagegen hat ihre Wurzeln innerhalb des deutschen Sprachraums im germanischen und römischen Recht. Schon in der antiken römischen Zeit entstand die Ehe durch die beiderseitige Willenserklärung, den Konsens. Die Braut wurde dem zukünftigen Ehemann anvertraut und dieser erhielt die Vormundschaft über seine (rechtlich unmündige) Frau. Im germanischen Recht war als ‚Gegenleistung' für die Eheschließung ein Lohngeld des Bräutigams an seine Braut üblich, das oft in Form eines Ringes gegeben wurde.

Die kirchliche Trauung als vor einem Geistlichen abgegebenes Eheversprechen und Einsegnung der Ehe entstand im 14. Jahrhundert. Sie löste die bis dahin übliche Eheschließung durch einen weltlichen Trauvormund ab. Seit dem 15./16. Jahrhundert werden kirchliche Trauungen vom Ortsgeistlichen in den Kirchenbüchern dokumentiert. Im 17. Jahrhundert wurde für Katholiken die Formpflicht einer katholischen Trauungszeremonie eingeführt. Als Ergebnis des Kulturkampfes in Deutschland im 19. Jahrhundert wurde in Deutschland die zivilrechtliche Trauung vor der kirchlichen Trauung vorgeschrieben. Diese Vorschrift wurde erst am 1. 1. 2009 geändert, sodass heute eine rein kirchliche Trauung (mit Erlaubnis des Ortsbischofs) möglich ist, die aber zivilrechtlich nicht anerkannt wird.

[Trausymbole]

Jawort

Das Jawort der Brautleute ist das zentrale Zeichen der kirchlichen Eheschließung. Man nennt dies den Ehekonsens, die Übereinstimmung in der Bereitschaft, die Ehe eingehen zu wollen. Haben die Brautleute ‚Ja' gesagt, ist die Ehe geschlossen. Das Jawort entstammt der römischen Antike. Übrigens: Der Priester oder Diakon ist nur Assistent der Eheschließung, das Sakrament der Ehe spenden sich die Eheleute gegenseitig selber.

Trauringe, Handreichung und Handauflegung

Ursprünglich wurden zu römischen Zeiten die Ringe nur zur Verlobungsfeier überreicht und der Ehevertrag damit besiegelt. Papst Nikolaus führte im 9. Jahrhundert den Ehering als Sinnbild der ehelichen Treue und Bindung ein. Wie der Ring weder Anfang noch Ende kennt, so soll der Bund der Eheleute untereinander und mit Gott ewig währen. Im römischen Verständnis besiegelte das Reichen der rechten Hände den Vertrag bzw. den Bund.

Brautkerze
„Ich bin das Licht der Welt“, sagt Jesus Christus von sich. Die Osterkerze in der Kirche erinnert daran und begleitet die Gemeinde durch das ganze Kirchenjahr. Taufkerze, Kommunionkerze sowie die Hochzeitskerze werden daran entzündet. So trägt jede Ehe das Licht Gottes in die Welt. Dieses Symbol gehört seit dem Mittelalter zur Trauungsfeier. Gott begleitet die Eheleute auf ihrem gemeinsamen Weg. Sie wird am jährlichen Hochzeitstag wieder angezündet. Häufig ist sie mit den Namen der Brautleute und ihrem Hochzeitsdatum verziert. Auch der Trauspruch oder ein persönliches Symbol der Brautleute kann hier seinen Platz finden.

Die Farbe Weiß
Das Weiß des Brautkleides und des Brautschmucks erinnert vor allem an die christliche Taufe. In der frühen Kirche trugen die Taufbewerber während ihrer Vorbereitungszeit, dem Katechumenat, dunkle Gewänder, als Zeichen der Bereitschaft, ein neues, christliches Leben zu führen. In der Osternacht zogen sie zur Taufe dann weiße Gewänder an. Viel stärker als heute war mit der Taufe eine Umkehr vom alten Leben, Sündenvergebung und Verleihung des Heiligen Geistes verbunden.
Weiß soll deshalb hier weniger ‚Unschuld‘ symbolisieren, sondern eher die Farbe der Sonne und der Auferstehung repräsentieren. Man kann Weiß auch als Farbe des Anfangs verstehen, da Weiß keine eigene Farbe

ist, sondern alle Farben in sich trägt. Sie taucht im Laufe des christlichen Lebens immer wieder auf: als Taufkleid, als Kommunionkleid, zur Priesterweihe, zum Ordenseintritt, als Totenhemd.

Trausegen

Segensgebete haben seit dem Alten Testament eine wichtige Bedeutung. Wer segnet, ruft Gottes Kraft und Heil auf den Gesegneten herab. Beim Segensgebet über die Neuvermählten wird die Kraft Gottes auf die Brautleute herabgerufen.

Kreuzzeichen

Das Kreuzzeichen gilt als Zeichen für Christus, für sein Leiden, Tod und Auferstehung, aber auch für den Glauben an den dreifaltigen Gott. An vielen Stellen des christlichen Lebens kommt das Kreuzzeichen vor. Der senkrechte Balken steht für die Beziehung Gottes zu den Menschen. Der Querbalken weist auf die Verbundenheit der Menschen untereinander hin. Zeichnen die Eheleute das Kreuzzeichen über sich, so zeigen sie: Unsere Ehe steht unter dem Schutz Christi. Wir gehören zu ihm.

Brot und Wein

Nach katholischem Verständnis sind Brot und Wein die zentralen Zeichen für die Gegenwart Christi in der Kirche. Wird die Trauliturgie in eine Eucharistiefeier eingebunden, so zeigen die Eheleute, indem sie gemeinsam aus einem Kelch trinken und von einer Hostie kommunizieren, dass sie miteinander und mit Gott eine stabile Gemeinschaft bilden wollen. Festessen und Hochzeitsmähler werden auch im Neuen Testament oft mit dem Reich Gottes verglichen.

[Bibeltexte zur Trauung]

[Lesungen aus dem Alten Testament]

Als Mann und Frau schuf er sie

Im Anfang schuf Gott Himmel und Erde. Und sprach Gott: Lasst uns Menschen machen als unser Abbild, uns ähnlich. Sie sollen herrschen über die Fische des Meeres, über die Vögel des Himmels, über das Vieh, über die ganze Erde und über alle Kriechtiere auf dem Land. Gott schuf also den Menschen als sein Abbild; als Abbild Gottes schuf er ihn. Als Mann und Frau schuf er sie. Gott segnete sie und Gott sprach zu ihnen: Seid fruchtbar und vermehrt euch, bevölkert die Erde, unterwerft sie euch und herrscht über die Fische des Meeres, über die Vögel des Himmels und über alle Tiere, die sich auf dem Land regen. Gott sah alles an, was er gemacht hatte: Es war sehr gut.
(Genesis 1,1.26–28.31a)

Wohin du gehst, dahin gehe auch ich

In jenen Tagen gab Orpa ihrer Schwiegermutter Noomi den Abschiedskuss, während Rut nicht von ihr ließ. Noomi sagte: Du siehst, deine Schwägerin kehrt heim zu ihrem Volk und zu ihrem Gott. Folge ihr doch! Rut antwortete: Dränge mich nicht, dich zu verlassen und umzukehren. Wohin du gehst, dahin gehe auch ich, und wo du bleibst, da bleibe auch ich. Dein Volk ist mein Volk und dein Gott ist mein Gott. Wo du stirbst, da sterbe auch ich, da will ich begraben sein. Der Herr soll mir dies und das antun – nur der Tod wird mich von dir scheiden. (Rut 1, 14b–17)

Lass mich gemeinsam mit ihr ein hohes Alter erreichen

Als Tobias und Sara in der Kammer allein waren, erhob sich Tobias vom Lager und sagte: Steh auf, Schwester, wir wollen beten, damit der Herr Erbarmen mit uns hat. Und er begann zu beten: Sei gepriesen, Gott unserer Väter; gepriesen sei dein heiliger und ruhmreicher Name in alle Ewigkeit. Die Himmel und alle deine Geschöpfe müssen dich preisen.

Du hast Adam erschaffen und hast ihm Eva zur Frau gegeben, damit sie ihm hilft und ihn ergänzt. Von ihnen stammen alle Menschen ab. Du sagtest: Es ist nicht gut, dass der Mensch allein ist; wir wollen für ihn einen Menschen machen, der ihm hilft und zu ihm passt.

Darum, Herr, nehme ich diese meine Schwester auch nicht aus reiner Lust zur Frau, sondern aus wahrer Liebe. Hab Erbarmen mit mir und lass mich gemeinsam mit ihr ein hohes Alter erreichen! Und Sara sagte zusammen mit ihm: Amen. Und beide schliefen die Nacht über miteinander. (Tobit 8, 4–9)

Mit ganzem Herzen vertraue auf den Herrn

Nie sollen Liebe und Treue dich verlassen; binde sie dir um den Hals, schreib sie auf die Tafel deines Herzens! Dann erlangst du Gunst und Beifall bei Gott und den Menschen. Mit ganzem Herzen vertrau auf den Herrn, bau nicht auf eigene Klugheit; such ihn zu erkennen auf all deinen Wegen, dann ebnet er selbst deine Pfade. (Sprichwörter 3, 3–6)

Aus dem Hohelied der Liebe

Die folgenden beiden Texte können in einem Trauungsgottesdienst evt. auch nacheinander, unterbrochen durch einen Zwischengesang, vorgetragen werden:

Loblied des Bräutigams

Schön bist du, meine Freundin, ja, du bist schön. Hinter dem Schleier deine Augen wie Tauben. Dein Haar gleicht einer Herde von Ziegen, die herabzieht von Gileads Bergen. Deine Zähne sind wie eine Herde frisch geschorener Schafe, die aus der Schwemme steigen. Jeder Zahn hat sein Gegenstück, keinem fehlt es. Rote Bänder sind deine Lippen; lieblich ist dein Mund. Dem Riss eines Granatapfels gleicht deine Schläfe hinter dem Schleier. Wie der Turm Davids ist dein Hals, in Schichten von Steinen erbaut; tausend Schilde hängen daran, lauter Waffen von Helden. Deine Brüste sind wie zwei Kitzlein, wie die Zwillinge einer Gazelle, die in den Lilien weiden. Wenn der Tag verweht und die Schatten wachsen, will ich zum Myrrhenberg gehen, zum Weihrauchhügel. Alles an dir ist schön, meine Freundin; kein Makel haftet dir an.

Komm doch mit mir, meine Braut, vom Libanon, weg vom Libanon komm du mit mir! Weg vom Gipfel des Amana, von den Höhen des Senir und Hermon; weg von den Lagern der Löwen, den Bergen der Panther. Verzaubert hast du mich, meine Schwester Braut; ja verzaubert mit einem Blick deiner Augen, mit einer Perle deiner Halskette.

Wie schön ist deine Liebe, meine Schwester Braut; wie viel süßer ist deine Liebe als Wein, der Duft deiner Salben köstlicher als alle Balsamdüfte. Von deinen Lippen, Braut, tropft Honig; Milch und Honig ist unter deiner Zunge. Der Duft deiner Kleider ist wie des Libanon Duft. Ein verschlossener Garten ist meine Schwester Braut, ein verschlossener Garten, ein versiegelter Quell. Ein Lustgarten sprosst aus dir, Granatbäume mit köstlichen Früchten, Hennadolden, Nardenblüten,

Narde, Krokus, Gewürzrohr und Zimt, alle Weihrauchbäume, Myrrhe und Aloe, allerbester Balsam. Die Quelle des Gartens bist du, ein Brunnen lebendigen Wassers, Wasser vom Libanon. (Hoheslied 4, 1–15)

Loblied der Braut

Was hat dein Geliebter den andern voraus, du schönste der Frauen? Was hat dein Geliebter den andern voraus, dass du so uns beschwörst?

Mein Geliebter ist weiß und rot, ist ausgezeichnet vor Tausenden. Sein Haupt ist reines Gold. Seine Locken sind Rispen, rabenschwarz. Seine Augen sind wie Tauben an Wasserbächen; die Zähne, in Milch gebadet, sitzen fest. Seine Wangen sind wie Balsambeete, darin Gewürzkräuter sprießen, seine Lippen wie Lilien; sie tropfen von flüssiger Myrrhe. Seine Finger sind wie Stäbe aus Gold, mit Steinen aus Tarschisch besetzt. Sein Leib ist wie eine Platte aus Elfenbein, mit Saphiren bedeckt. Seine Schenkel sind Marmorsäulen auf Sockeln von Feingold. Seine Gestalt ist wie der Libanon, erlesen wie Zedern. Sein Mund ist voll Süße; alles ist Wonne an ihm. Das ist mein Geliebter, ja, das ist mein Freund, ihr Töchter Jerusalems. (Hoheslied 5, 9–16)

[Lesungen aus dem Neuen Testament]

Darum nehmt einander an

Wir dürfen nicht für uns selbst leben. Jeder von uns soll Rücksicht auf den Nächsten nehmen, um Gutes zu tun und aufzubauen. Denn auch Christus hat nicht für sich selbst gelebt. Der Gott der Geduld und des Trostes schenke euch die Einmütigkeit, die Christus Jesus entspricht, damit ihr Gott, den Vater unseres Herrn Jesus Christus, einträchtig und mit einem Munde preist. Darum nehmt einander an, wie auch Christus uns angenommen hat, zur Ehre Gottes. Der Gott der Hoffnung aber erfülle euch mit aller Freude und mit allem Frieden im Glauben, damit ihr reich werdet an Hoffnung in der Kraft des Heiligen Geistes.

(Brief an die Römer 15, 1b–3a.5–7.13)

Die höheren Gnadengaben –
das Hohelied der Liebe
Wenn ich in den Sprachen der Menschen und Engel redete, hätte aber die Liebe nicht, wäre ich dröhnendes Erz oder eine lärmende Pauke. Und wenn ich prophetisch reden könnte und alle Geheimnisse wüsste und alle Erkenntnis hätte; wenn ich alle Glaubenskraft besäße und Berge damit versetzen könnte, hätte aber die Liebe nicht, wäre ich nichts. Und wenn ich meine ganze Habe verschenkte und wenn ich meinen Leib dem Feuer übergäbe, hätte aber die Liebe nicht, nützte es mir nichts. Die Liebe ist langmütig, die Liebe ist gütig. Sie ereifert sich nicht, sie prahlt nicht, sie bläht sich nicht auf. Sie handelt nicht ungehörig, sucht nicht ihren Vorteil, lässt sich nicht zum Zorn reizen, trägt das Böse nicht nach. Sie freut sich nicht über das Unrecht, sondern freut sich an der Wahrheit. Sie erträgt alles, glaubt alles, hofft alles, hält allem stand. Die Liebe hört niemals auf. (1. Brief an die Korinther 13, 1–8a)

In Demut schätze einer den andern höher ein
als sich selbst
Wenn es Ermahnung in Christus gibt, Zuspruch aus Liebe, eine Gemeinschaft des Geistes, herzliche Zuneigung und Erbarmen, dann macht meine Freude dadurch vollkommen, dass ihr eines Sinnes seid, einander in Liebe verbunden, einmütig und einträchtig, dass ihr nichts aus Ehrgeiz und nichts aus Prah-

lerei tut. Sondern in Demut schätze einer den andern höher ein als sich selbst. Jeder achte nicht nur auf das eigene Wohl, sondern auch auf das der anderen. Seid untereinander so gesinnt, wie es dem Leben in Christus Jesus entspricht.
(Brief an die Philipper 2, 1–5)

Der Gott des Friedens wird mit euch sein

Freut euch im Herrn zu jeder Zeit! Noch einmal sage ich: Freut euch! Eure Güte werde allen Menschen bekannt. Der Herr ist nahe. Sorgt euch um nichts, sondern bringt in jeder Lage betend und flehend eure Bitten mit Dank vor Gott! Und der Friede Gottes, der alles Verstehen übersteigt, wird eure Herzen und eure Gedanken in der Gemeinschaft mit Christus Jesus bewahren. Schließlich Brüder: Was immer wahrhaft, edel, recht, was lauter, liebenswert, ansprechend ist, was Tugend heißt und lobenswert ist, darauf seid bedacht! Was ihr gelernt und angenommen, gehört und an mir gesehen habt, das tut! Und der Gott des Friedens wird mit euch sein. (Brief an die Philipper 4, 4–9)

Seid dankbar

Ihr seid von Gott geliebt, seid seine auserwählten Heiligen. Darum bekleidet euch mit aufrichtigem Erbarmen, mit Güte, Demut, Milde, Geduld! Ertragt euch gegenseitig und vergebt einander, wenn einer dem andern etwas vorzuwerfen hat. Wie der Herr euch vergeben hat, so vergebt auch ihr! Vor allem aber liebt ei-

nander, denn die Liebe ist das Band, das alles zusammenhält und vollkommen macht. In eurem Herzen herrsche der Friede Christi; dazu seid ihr berufen als Glieder des einen Leibes. Seid dankbar!
(Brief an die Kolosser 3, 12 –15)

Die Liebe ist aus Gott

Liebe Brüder, wir wollen einander lieben; denn die Liebe ist aus Gott und jeder, der liebt, stammt von Gott und erkennt Gott. Wer nicht liebt, hat Gott nicht erkannt; denn Gott ist die Liebe. Die Liebe Gottes wurde unter uns dadurch offenbart, dass Gott seinen einzigen Sohn in die Welt gesandt hat, damit wir durch ihn leben. Nicht darin besteht die Liebe, dass wir Gott geliebt haben, sondern dass er uns geliebt und seinen Sohn als Sühne für unsere Sünden gesandt hat. Liebe Brüder, wenn Gott uns so geliebt hat, müssen auch wir einander lieben. Niemand hat Gott je geschaut; wenn wir einander lieben, bleibt Gott in uns und seine Liebe ist in uns vollendet. Wir haben die Liebe, die Gott zu uns hat, erkannt und gläubig angenommen. Gott ist die Liebe, und wer in der Liebe bleibt, bleibt in Gott und Gott bleibt in ihm. (1 Johannesbrief 4, 7–12.16)

Die Bergpredigt

In jener Zeit, als Jesus die vielen Menschen sah, die ihm folgten, stieg er auf einen Berg. Er setzte sich, und seine Jünger traten zu ihm.Dann begann er zu reden und lehrte sie. Er sagte:

Selig, die arm sind vor Gott; denn ihnen gehört das Himmelreich. Selig die Trauernden; denn sie werden getröstet werden. Selig, die keine Gewalt anwenden; denn sie werden das Land erben. Selig, die hungern und dürsten nach der Gerechtigkeit; denn sie werden satt werden. Selig die Barmherzigen; denn sie werden Erbarmen finden. Selig, die ein reines Herz haben; denn sie werden Gott schauen. Selig, die Frieden stiften; denn sie werden Söhne Gottes genannt werden. Selig, die um der Gerechtigkeit willen verfolgt werden; denn ihnen gehört das Himmelreich. Selig seid ihr, wenn ihr um meinetwillen beschimpft und verfolgt und auf alle mögliche Weise verleumdet werdet.

Freut euch und jubelt: Euer Lohn im Himmel wird groß sein. (Matthäusevangelium 5, 1–12a)

Von der Ehescheidung

In jener Zeit kamen Pharisäer zu Jesus und fragten: Darf ein Mann seine Frau aus der Ehe entlassen? Damit wollten sie ihm eine Falle stellen. Er antwortete ihnen: Was hat euch Mose vorgeschrieben? Sie sagten: Mose hat erlaubt, eine Scheidungsurkunde auszustel-

len und die Frau aus der Ehe zu entlassen. Jesus entgegnete ihnen: Nur weil ihr so hartherzig seid, hat er euch dieses Gebot gegeben. Am Anfang der Schöpfung aber hat Gott sie als Mann und Frau geschaffen. Darum wird der Mann Vater und Mutter verlassen, und die zwei werden ein Fleisch sein. Sie sind also nicht mehr zwei, sondern eins. Was aber Gott verbunden hat, das darf der Mensch nicht trennen. Zu Hause befragten ihn die Jünger noch einmal darüber. Er antwortete ihnen: Wer seine Frau aus der Ehe entlässt und eine andere heiratet, begeht ihr gegenüber Ehebruch. Auch eine Frau begeht Ehebruch, wenn sie ihren Mann aus der Ehe entlässt und einen anderen heiratet.
(Markusevangelium 10, 2–12)

Das wichtigste Gebot

Einer der Pharisäer, ein Gesetzeslehrer, wollte Jesus auf die Probe stellen und fragte ihn: Meister, welches Gebot im Gesetz ist das wichtigste? Er antwortete ihm: Du sollst den Herrn, deinen Gott, lieben mit ganzem Herzen, mit ganzer Seele und mit all deinen Gedanken. Das ist das wichtigste und erste Gebot. Ebenso wichtig ist das zweite: Du sollst deinen Nächsten lieben wie dich selbst. An diesen beiden Geboten hängt das ganze Gesetz samt den Propheten.
(Matthäusevangelium 22, 35–40)

Das Gleichnis vom anvertrauten Geld

In jener Zeit erzählte Jesus seinen Jüngern das folgende Gleichnis: Mit dem Himmelreich ist wie mit einem Mann, der auf Reisen ging: Er rief seine Diener und vertraute ihnen sein Vermögen an. Dem einen gab er fünf Talente Silbergeld, einem anderen zwei, wieder einem anderen eines, jedem nach seinen Fähigkeiten. Dann reiste er ab. Sofort begann der Diener, der fünf Talente erhalten hatte, mit ihnen zu wirtschaften, und er gewann noch fünf dazu. Ebenso gewann der, der zwei erhalten hatte, noch zwei dazu. Der aber, der das eine Talent erhalten hatte, ging, und grub ein Loch in die Erde und versteckte das Geld seines Herrn. Nach langer Zeit kehrte der Herr zurück, um von den Dienern Rechenschaft zu verlangen. Da kam der, der die fünf Talente erhalten hatte, brachte fünf weitere und sagte: Herr, fünf Talente hast du mir gegeben; sieh her, ich habe noch fünf dazugewonnen. Sein Herr sagte zu ihm: Sehr gut, du bist ein tüchtiger und treuer Diener. Du bist im Kleinen ein treuer Verwalter gewesen, ich will dir eine große Aufgabe übertragen. Komm, nimm teil an der Freude deines Herrn! Dann kam der Diener, der zwei Talente erhalten hatte, und sagte: Herr, du hast mir zwei Talente gegeben; sieh her, ich habe noch zwei dazugewonnen. Sein Herr sagte zu ihm: Sehr gut, du bist ein tüchtiger und treuer Diener. Du bist im Kleinen ein treuer Verwalter gewesen, ich will dir eine große Aufgabe übertragen. Komm, nimm teil an der Freude deines Herrn! Zuletzt kam auch der Diener, der

das eine Talent erhalten hatte, und sagte: Herr, ich wusste, dass du ein strenger Mann bist; du erntest, wo du nicht gesät hast, und sammelst, wo du nicht ausgestreut hast; weil ich Angst hatte, habe ich dein Geld in der Erde versteckt. Hier hast du es wieder. Sein Herr antwortete ihm: Du bist ein schlechter und fauler Diener! Du hast doch gewusst, dass ich ernte, wo ich nicht gesät habe, und sammle, wo ich nicht ausgestreut habe. Hättest du mein Geld wenigstens auf die Bank gebracht, dann hätte ich es bei meiner Rückkehr mit Zinsen zurückerhalten. Darum nehmt ihm das Talent weg und gebt es dem, der die zehn Talente hat! Denn wer hat, dem wird gegeben, und er wird im Überfluss haben; wer aber nicht hat, dem wird auch noch weggenommen, was er hat. Werft den nichtsnutzigen Diener hinaus in die äußerste Finsternis! Dort wird er heulen und mit den Zähnen knirschen.
(Matthäusevangelium 25, 14–30)

Der Sturm auf dem See

Eines Tages stieg er (Jesus) mit seinen Jüngern in ein Boot und sagte zu ihnen: Wir wollen ans andere Ufer des Sees hinüberfahren. Und sie fuhren ab. Während der Fahrt aber schlief er ein. Plötzlich brach über dem See ein Wirbelsturm los; das Wasser schlug in das Boot und sie gerieten in große Gefahr. Da traten sie zu ihm und weckten ihn; sie riefen: Meister, Meister, wir gehen zugrunde! Er stand auf, drohte dem Wind und den Wellen, und sie legten sich und es trat

Stille ein. Dann sagte er zu den Jüngern: Wo ist euer Glaube? Sie aber fragten einander voll Schrecken und Staunen: Was ist das für ein Mensch, dass sogar die Winde und das Wasser seinem Befehl gehorchen? (Lukasevangelium 8, 22–25)

Vom Vertrauen beim Beten

Darum sage ich euch: Bittet, dann wird euch gegeben; sucht, dann werdet ihr finden; klopft an, dann wird euch geöffnet. Denn wer bittet, der empfängt; wer sucht, der findet; und wer anklopft, dem wird geöffnet. Oder ist unter euch ein Vater, der seinem Sohn eine Schlange gibt, wenn er um einen Fisch bittet, oder einen Skorpion, wenn er um ein Ei bittet? Wenn nun schon ihr, die ihr böse seid, euren Kindern gebt, was gut ist, wie viel mehr wird der Vater im Himmel den Heiligen Geist denen geben, die ihn bitten.
(Lukasevangelium 11, 9–13)

Die Begegnung mit dem Auferstandenen auf dem Weg nach Emmaus

Am ersten Tag der Woche waren zwei von den Jüngern Jesu auf dem Weg in ein Dorf namens Emmaus, das sechzig Stadien von Jerusalem entfernt ist. Sie sprachen miteinander über all das, was sich ereignet hatte. Während sie redeten und ihre Gedanken austauschten, kam Jesus hinzu und ging mit ihnen. Doch sie waren wie mit Blindheit geschlagen, sodass sie ihn nicht erkannten. Er fragte sie: Was sind das für Dinge, über die ihr auf eurem

Weg miteinander redet? Da blieben sie traurig stehen, und der eine von ihnen – er hieß Kleopas – antwortete ihm: Bist du so fremd in Jerusalem, dass du als Einziger nicht weißt, was in diesen Tagen dort geschehen ist? Er fragte sie: Was denn? Sie antworteten ihm: das mit Jesus aus Nazaret. Er war ein Prophet, mächtig in Wort und Tat vor Gott und dem ganzen Volk. Doch unsere Hohepriester und Führer haben ihn zum Tod verurteilen und ans Kreuz schlagen lassen. Wir aber hatten gehofft, dass er der sei, der Israel erlösen werde. Und dazu ist heute schon der dritte Tag, seitdem das alles geschehen ist. Aber nicht nur das: Auch einige Frauen aus unserem Kreis haben uns in große Aufregung versetzt. Sie waren in der Frühe beim Grab, fanden aber seinen Leichnam nicht. Als sie zurückkamen, erzählten sie, es seien ihnen Engel erschienen und hätten gesagt, er lebe. Einige von uns gingen dann zum Grab und fanden alles so, wie die Frauen gesagt hatten; ihn selbst aber sahen sie nicht. Da sagte er zu ihnen: Begreift ihr denn nicht? Wie schwer fällt es euch, alles zu glauben, was die Propheten gesagt haben. Musste nicht der Messias all das erleiden, um so in seine Herrlichkeit zu gelangen? Und er legte ihnen dar, ausgehend von Mose und allen Propheten, was in der gesamten Schrift über ihn geschrieben steht. So erreichten sie das Dorf, zu dem sie unterwegs waren. Jesus tat, als wolle er weitergehen, aber sie drängten ihn und sagten: Bleib doch bei uns; denn es wird bald Abend, der Tag hat sich schon geneigt. Da ging er mit hinein, um bei ihnen zu bleiben. Und als er mit ihnen bei Tisch war, nahm er das Brot, sprach den Lobpreis, brach das Brot und gab es ihnen. Da gingen ihnen die Augen auf und sie erkannten ihn; dann sahen sie ihn nicht mehr.

Und sie sagten zueinander: Brannte uns nicht das Herz in der Brust, als er unterwegs mit uns redete und uns den Sinn der Schrift erschloss? Noch in derselben Stunde brachen sie auf und kehrten nach Jerusalem zurück und sie fanden die Elf und die anderen Jünger versammelt. Diese sagten: Der Herr ist wirklich auferstanden und ist dem Simon erschienen. Da erzählten auch sie, was sie unterwegs erlebt und wie sie ihn erkannt hatten, als er das Brot brach.
(Lukasevangelium 24, 13–35).

Bleibt in meiner Liebe

In jener Zeit sprach Jesus zu seinen Jüngern: Wie mich der Vater geliebt hat, so habe auch ich euch geliebt. Bleibt in meiner Liebe! Wenn ihr meine Gebote haltet, werdet ihr in meiner Liebe bleiben, so wie ich die Gebote meines Vaters gehalten habe und in seiner Liebe bleibe. Dies habe ich euch gesagt, damit meine Freude in euch ist und damit eure Freude vollkommen wird. Das ist mein Gebot: Liebt einander, so wie ich euch geliebt habe. (Johannesevangelium 15, 9–12)

[Trausprüche aus Bibel und Literatur]

In vielen Kirchen ist es üblich, dass das Brautpaar sich einen eigenen Trauspruch aussucht, der als Leitspruch für die Ehe dienen kann. Auch bei Glückwunschkarten ist es möglich, einen passenden Spruch einzufügen, der den Sinn der individuellen Trauung ausdrückt. Wenn es möglich ist, kann der Trauspruch auch zum Leitgedanken des Gottesdienstes und der Predigt gemacht werden.

[Trausprüche aus der Bibel]

Darum verlässt der Mann Vater und Mutter und bindet sich an seine Frau und sie werden ein Fleisch.
(Genesis 2, 24)

Zwei sind besser als einer allein, falls sie nur reichen Ertrag aus ihrem Besitz ziehen. Denn wenn sie hinfallen, richtet einer den anderen auf.
(Kohelet 4, 9–10a)

Wohin du gehst, dahin gehe auch ich. Und wo du bleibst, da bleibe auch ich. Dein Volk ist mein Volk. Nur der Tod wird mich von dir scheiden. (Rut 1, 16–17)

Lege mich wie ein Siegel auf dein Herz, wie ein Siegel auf deinen Arm. Denn Liebe ist stark wie der Tod und Leidenschaft unwiderstehlich wie das Totenreich.

Ihre Glut ist feurig und eine Flamme des Herrn, sodass auch viele Wasser die Liebe nicht auslöschen und Ströme sie nicht ertränken. (Vgl. Hohelied 8, 6–7a)

Denn wo zwei oder drei in meinem Namen versammelt sind, da bin ich mitten unter ihnen. (Matthäusevangelium 18, 20)

Wie mich der Vater geliebt hat, so habe auch ich euch geliebt. Bleibt in meiner Liebe. (Johannesevangelium 15, 9)

Das ist mein Gebot: Liebt einander, so wie ich euch geliebt habe. (Johannesevangelium 15, 12)

Wenn ich in den Sprachen der Menschen und Engel redete, hätte aber die Liebe nicht, wäre ich dröhnendes Erz oder eine lärmende Pauke. (1. Brief an die Korinther 13, 1)

Die Liebe hört niemals auf. (1. Brief an die Korinther 13, 8a)

Für jetzt bleiben Glaube, Hoffnung, Liebe, diese drei; doch am größten unter ihnen ist die Liebe. (1. Brief an die Korinther 13, 13)

Alles, was ihr tut, geschehe in Liebe. (1. Brief an die Korinther 16, 14)

Ihr seid zur Freiheit berufen, Brüder. Nur nehmt die Freiheit nicht zum Vorwand für das Fleisch, sondern dient einander in Liebe! (Brief an die Galater 5, 13)

Ertragt einander in Liebe und bemüht euch, die Einheit des Geistes zu wahren durch den Frieden, der euch zusammenhält. (Brief an die Epheser 4, 2b–3)

Lasst uns nicht lieben mit Worten noch mit der Zunge, sondern in Tat und Wahrheit.
(Vgl. 1. Johannesbrief 3, 18)

Vor allem haltet fest an der Liebe zueinander.
(1. Petrusbrief 4, 8a)

Gott ist die Liebe und wer in der Liebe bleibt, bleibt in Gott und Gott bleibt in ihm.
(Erster Johannesbrief 4, 16b)

[Trausprüche aus der Literatur]

Die Ehe ist eine Brücke, die man täglich neu bauen muss, am besten von beiden Seiten. *Ulrich Beer (* 1932)*

Heimat sind die Menschen, die wir verstehen und die uns verstehen. *Max Frisch (1911–1991)*

Wer den anderen liebt, lässt ihn gelten, wie er ist, wie er gewesen ist und wie er sein wird.
Michel Quoist (1921–1997)

Das Sakrament der Ehe ist der lebendige Anfang von Gott her, der mitgeht durch alle Tage.
Romano Guardini (1885–1968)

Das Christentum ist die Offenbarung, dass wir frei sind zu lieben, dass wir uns nicht zu fürchten brauchen, uns selbst in einer Freundschaft aufzugeben, zu geben und genommen zu werden. *Andrew Greeley (* 1928)*

Ehe ist ein Sakrament im Werden.
Hubert Müller (1936–1995)

Liebe ist Verantwortung eines Ich für ein Du.
Martin Buber (1878–1965)

Denke nicht, du könntest der Liebe Lauf lenken; die Liebe lenkt deinen Lauf. *Kahlil Gibran (1883–1936)*

Nur in einer guten Ehe haben Mann und Frau Zeit genug, einander Freunde zu werden.
Roland Breitenbach (1935)*

Die Liebe ist wie das Leben selbst, kein bequemer und ruhiger Zustand, sondern ein großes, ein wunderbares Abenteuer. Lieben heißt zum Anderen sagen: Du wirst nicht untergehen. *Gabriel Marcel (1889–1973)*

Die Ehe hat kein Alter – sie wird ständig geboren.
Nach Blaise Pascal (1623–1662)

Einen Menschen lieben, heißt einwilligen, mit ihm alt zu werden. *Albert Camus (1913–1960)*

Du bist zeitlebens für das verantwortlich, was du dir vertraut gemacht hast.
Antoine de Saint-Exupéry (1900–1944)

Die Liebe ist der Flügel, den Gott dem Menschen gab, um zu ihm emporzukommen.
Michelangelo Buonarroti (1475–1564)

Die wichtigste Tugend der Liebe ist das Erbarmen, dass der andere nicht mein Gott sein kann.
Roman Bleistein (1928–2000)

Wir sind Engel mit nur einem Flügel. Wir können fliegen nur in Umarmung. *Luciano de Crescenzo (*1928)*

[Gebete für Liebende]

[Gebete für die Ehe]

Guter Gott, wir haben ‚Ja' zueinander gesagt, für ein langes gemeinsames Leben. Wir sind aufgeregt und froh, diesen Schritt getan zu haben. Aber wir machen ihn nicht ohne Dich. Du bist bei uns alle Tage. Beschütze und bewahre unsere Liebe vor allem Sorgen, vor Angst und Druck und mangelndem Verständnis. Begleite unseren Weg, darum bitten wir Dich. Amen.

Gott, nun sind wir verheiratet. Hilf uns, dass wir die Liebe zueinander nie nur als selbstverständlich ansehen, sondern als Geschenk verstehen, das Du uns gibst. Schenke uns immer wieder Vertrauen zueinander, dass wir uns gegenseitig öffnen können, und am Leben des anderen teilnehmen. Schenke uns Interesse füreinander und eine ausdauernde Liebe. Darum bitten wir Dich, durch Christus, unseren Herrn und Bruder. Amen.

Guter Gott, nun gehen wir unseren Weg mit Deiner Hilfe gemeinsam. Hilf uns, einander treu zu sein, wie

Du zu uns treu bist. Unterstütze uns, wenn unsere Liebe eine Flaute erlebt. Gib uns Impulse, damit wir immer wieder zusammenkommen. Klopf an unser Herz, wenn wir es voreinander verschlossen haben. Liebe uns, damit wir einander immer lieben können. Amen.

Guter Gott, wir haben uns einander hart die Meinung gesagt. Unser Eheschiff ist in einen Sturm geraten. Manchmal reicht es uns, und wir wollen lieber von Bord gehen. Unterstütze unsere Aussprache. Lass uns miteinander wachsen, auch wenn es anstrengend ist. Darum bitten wir Dich. Amen.

[Fürbitten für die Ehe]

Zelebrant: *Guter Gott, du hast den Bund von (Name) und (Name) gesegnet. Vor ihnen liegt nun der gemeinsame Eheweg. Dafür brauchen sie Deine Freude, Deine Liebe und Kraft. Darum bitten wir Dich:*
Lektor: *Für (Name) und (Name), dass sie beide immer wieder erfahren, wie groß Deine Liebe zu ihnen und allen Menschen ist.*
Alle: *Wir bitten Dich, erhöre uns.*
Lektor: *Für (Name) und (Name), dass sie gemeinsam in Liebe zueinander wachsen.*
Alle: *Wir bitten Dich, erhöre uns.*
Lektor: *Für (Name) und (Name), dass sie immer ein offenes Ohr füreinander haben.*
Alle: *Wir bitten Dich, erhöre uns.*

Lektor: *Lass sie ihre Freude miteinander teilen.*
Alle: *Wir bitten Dich, erhöre uns.*
Lektor: *Lass sie immer wieder Dich finden.*
Alle: *Wir bitten Dich, erhöre uns.*
Lektor: *Beschütze die Kinder, die du (Name) und (Name) schenken willst (geschenkt hast).*
Lektor: *Für die Eltern von (Name) und (Name), die (Name) und (Name) das Leben geschenkt haben.*
Alle: *Wir bitten Dich, erhöre uns.*
Lektor: *Wir beten für alle Christen auf der ganzen Welt, dass sie Deine Frohe Botschaft in ihrem Leben finden.*
Alle: *Wir bitten Dich, erhöre uns.*
Lektor: *Wir beten für alle Menschen auf der Erde, die in Not sind. Lass sie Gerechtigkeit finden.*
Alle: *Wir bitten Dich, erhöre uns.*
Lektor: *Wir beten auch besonders für die kranken Angehörigen unserer Brautleute (Name), lass sie wieder gesund werden.*
Alle: *Wir bitten Dich, erhöre uns.*
Lektor: *Wir beten für die Verstorbenen der Familie (Name). Herr, gib ihnen die ewige Ruhe.*
Alle: *Und das ewige Licht leuchte ihnen.*
Zelebrant: *Ja, guter Gott, du stellst jede Ehe unter deinen Schutz. Du willst das Glück dieser und aller Menschen. Wir danken Dir und loben Dich für das Geheimnis der Liebe von (Name) und (Name). Beschütze diesen heiligen Bund. Darum bitten wir Dich, durch Christus, unseren Herrn und Bruder. Amen.*

[Segen für Liebende]

Der Herr sei vor euch,
um euch den rechten Weg zu zeigen.

Er sei neben euch,
um euch in die Arme zu schließen
und euch zu schützen
gegen Gefahren von links und rechts.

Er sei hinter euch,
um euch zu bewahren
vor der Heimtücke böser Menschen.

Er sei unter euch,
um euch aufzufangen, wenn ihr fallt,
und euch aus der Schlinge zu ziehen.

Er sei in euch,
um euch zu trösten,
wenn ihr traurig seid.

Er sei um euch herum,
um euch zu verteidigen,
wenn andere über euch herfallen.

Der Herr sei über euch,
um euch zu segnen.
(Nach einem Segensgebet aus Irland, 4. Jahrhundert)

Gott segne Euch.
Er erfülle Eure Füße mit Tanz
Eure Arme mit Kraft
Eure Hände mit Zärtlichkeit
Eure Ohren mit Musik
Eure Augen mit Lachen
Eure Nase mit Wohlgeruch
Euren Mund mit Jubel
Eure Herzen mit Freude, alle Tage Eures Lebens.
So segne Euch Gott,
der Vater, der Sohn und der Heilige Geist. Amen.
(Unbekannt)

[Feierlicher Trauungssegen]

Segen sei euch zugesagt.
Gute, wohlwollende und hilfreiche Worte, aus denen ihr leben könnt,
seien euch zugesprochen.

Gott segne euch und die Wurzeln eurer Herkunft.
Er ermögliche euch das Verlassen von Vater und Mutter,
damit ihr einander anhangen könnt.
Im Einklang mit eurer Geschichte
möget ihr verbunden und verbindlich werden im gemeinsamen Leben.

Gott segne und schütze das Haus eurer Beziehung.
Er wohne selber in eurer Mitte,
damit keiner dem anderen Gott sein muss.

Gott segne eure Leiber und schenke euch Freude an der Zärtlichkeit der Worte und Gesten.
Er begabe euch zu kultivierter Erotik, befriedigender Sexualität
und verantworteter Elternschaft,
damit ihr mit Lust und Liebe
die Kostbarkeit des schöpferischen Lebens genießen könnt.

Gott segne eure Kinder.
Er gebe ihnen Gedeihen und Wachstum,
damit sie zu reifem Menschsein sich entfalten
und die Aufgaben des Lebens bewältigen.

Gott segne eure Arbeit im Haushalt und im beruflichen Erwerb.
Er schenke euch vielfältige Talente,
damit euer gemeinsames Schaffen euch innerlich und äußerlich erfülle und reich mache.

Gott segne eure Auseinandersetzungen und verlasse euch nicht in Konflikt, Krise und Streit.
Er erleuchte euch mit seiner Wahrheit und rühre euch an mit seiner Barmherzigkeit,
damit ihr trotz aller Verletzungen immer wieder einander vergebt
und erneut versöhnlich aufeinander zugehen könnt.

Gott segne euer Wachsen im Glauben.
Er weite, vertiefe und stärke eure Hoffnung,
damit ihr vertrauensvoll der Liebe Zukunft geben könnt.

Gott segne eure Wege.
Er gehe euch voran und sei euer Begleiter,
damit ihr auf den Fußstapfen des Glücks in das Land der Verheißung findet.

So segne euch der ewige und treue,
der gütige und menschenfreundliche Gott,
den wir auch in unserem Beziehungsgeschehen
beziehungsreich erfahren
als Vater, Sohn und Hl. Geist Amen.
*(Franz Harant, * 1953)*

Der Herr segne euch und behüte euch,
er lasse sein Angesicht leuchten über euch
und sei euch gnädig,
er erhebe sein Angesicht über euch
und schenke euch seinen Frieden.
Amen.
(Aaronitischer Segen)

Der Herr behüte euch,
er behüte euch vor allem Bösen,
er behüte euer ganzes gemeinsames Leben.
Er behüte euch, wenn ihr fortgeht und wenn ihr wiederkommt.

Er behüte euch in guten wie in schlechten Tagen.
Er behüte euch von nun an bis in Ewigkeit.
(Nach Psalm 121, 7–8)

Gott lebe in Euch,
er lebe in Euren Träumen,
er lebe in Eurer Liebe von Tag zu Tag,
er lebe in Eurem Alltag und in Euren Feiertagen,
er lebe in Eurer Nähe zueinander und in Eurer Zärtlichkeit.
Er lebe in Euren Fragen und in Euren Krisen,
in Eurem gemeinsamen Wachsen.
Gott möge leben in Eurem Leben,
denn ihr seid ein Teil von ihm.
Darum segne Euch unser guter Gott,
der Vater, der Sohn und der Heilige Geist.

[Gedichte zur Ehe]

Wie süß ist alles erste Kennenlernen!
Du liebst so lange nur, als du entdeckst.
Doch sei getrost: Unendlich ist der Text,
und seine Melodie gesetzt – aus Sternen
Christian Morgenstern (1871–1914)

Rudern zwei
Rudern zwei
ein boot,
der eine
kundig der sterne,

der andre
kundig der stürme,
wird der eine führn durch die sterne,
wird der andre führn durch die stürme,
und am ende ganz am ende
wird das meer in der erinnerung
blau sein.
Reiner Kunze (1933)*

Liebe groß
Weggehen
Eigensinn finden
Leben
Mein Ich-Auge
Zeigen
Dein Du-Auge
Suchen
Die Anderwelt
Spannt sich
Von Dir zu mir

Zeit
Um aus einer kleinen Liebe
eine große lange Liebe zu machen,
brauche ich nichts, nur Zeit.
Zeit, um mit Dir zu sprechen,
Zeit, um Dich zu verstehen,
Zeit, um mit Dir zu leben,
Zeit, um mich mit Dir zu erinnern,

Zeit, um mich mit Dir zu streiten.
Um aus einer kleinen Liebe
eine große und lange Liebe zu machen,
brauche ich nichts, nur Dich und mich,
und Gott.

Klopfzeichen

Damals
wenn sie zu ihm ging,
benützte sie nie die Klingel.
Sie klopfte ans Fenster,
klopfte an die Tür,
klopfte im Takt
seines Herzens.

Und jetzt, nach Jahrzehnten,
klopft sie noch immer
wenn sie heimkommt,
im Takt ans Fenster
und an die Tür.
Und das wird so bleiben,
so lange sein Herz schlägt
oder das ihre.
Klingeln kann jede.
Hans Manz (1931)*

[Rund um die katholische Eheschließung]

‚Ökumenische Trauung'

Die ‚ökumenische Trauung' gibt es (noch) nicht. Denn dies würde eine vollständige Einheit der christlichen Kirchen voraussetzen. Praktiziert wird heute zumeist die ‚gemeinsame Trauung', d. h. die konfessionsverschiedenen Brautleute entscheiden sich für eine katholische oder evangelische Eheschließung, wobei ein Geistlicher der jeweils anderen Konfession liturgische Aufgaben übernimmt. Sie kann in der katholischen Kirche mit Beteiligung des evangelischen Geistlichen oder in der evangelischen Kirche mit Beteiligung des katholischen Geistlichen erfolgen.

Bei einer konfessionsverschiedenen Ehe verspricht der katholische Partner, dass er seinem Glauben treu bleiben will, und sich nach seinen Möglichkeiten für die katholische Taufe und Erziehung der Kinder einsetzt.

Die Anmeldung für eine gemeinsame Trauung erfolgt auf dem katholischen wie auf dem evangelischen Pfarramt. Nur im Bereich der Erzdiözese Freiburg und der Evangelischen Landeskirche in Baden wurde die Möglichkeit eines ökumenisch erarbeiteten Trauritus vereinbart, an dem beide Geistliche gleichberechtigt mitwirken. Diese Trauung ist trotzdem nach katholischem Eherecht gültig, weil der katholische Priester oder Diakon die Konsenserklärung abnimmt.

Religionsverschiedene Trauung

Bei der Eheschließung mit einem Nichtchristen ist vorgeschrieben, dass der Bischof die Genehmigung hierzu erteilt. Will ein Katholik einen nichtkatholischen Partner nicht kirchlich heiraten, sondern im Ritus einer anderen Konfession oder bei Ehen mit Nichtchristen auch nur standesamtlich ehelichen, so muss er über den Ortspfarrer beim Bischof die Genehmigung dafür einholen, wenn er diese Eheschließung katholischerseits anerkannt haben möchte. Man nennt dies Dispens (amtliche Befreiung) von der Formpflicht. In der Regel findet eine solche katholische Trauung mit religionsverschiedenen Partnern im Rahmen eines Wortgottesdienstes statt.

Trauung mit einem Partner, der aus der Kirche ausgetreten ist

Eine Trauung eines katholischen Christen mit einem Partner, der aus der Kirche ausgetreten ist, ist möglich, denn mit dem Austritt aus der Kirche wird die Taufe nicht gelöscht. Der Partner, der zur katholischen Kirche gehört, muss allerdings sein Bemühen um die katholische Taufe und Erziehung der gemeinsamen Kinder versprechen. Sein Partner muss davon informiert sein. In Einzelfällen muss der Bischof die Dispens erteilen.

Ich will noch einmal kirchlich heiraten …

Die Ehe zwischen zwei getauften Christen ist nach römisch-katholischer Lehre ein Sakrament, ein unauflösliches Zeichen der Nähe Gottes. Seine zentralen Eigenschaften sind die Einheit von Mann und Frau, ihre lebenslange Treue, die Unauflöslichkeit der Ehe wie die Bereitschaft zu Kindern. Nach dem katholischen Eheverständnis kann eine gültig geschlossene und vollzogene Ehe nicht geschieden werden. Eine Wiederheirat ist deshalb erst nach dem Tod eines Ehepartners möglich.

Fehlen aber die zentralen und als elementar angesehenen Ehevoraussetzungen zum Zeitpunkt der Eheschließung, kann die Ehe im Nachhinein für ungültig erklärt werden. Dies stellt ein kirchliches Gericht in einem eigenen Verfahren fest. Man nennt dies eine Annulierung der Ehe (Nichtigerklärung). Damit erkennt die Kirche an, dass diese Verbindung aufgrund von zentralen fehlenden Voraussetzungen kirchlicherseits von Anfang an ungültig war. Ist die vorhergehende kirchlich geschlossene Ehe annuliert, kann in einer weiteren Ehe kirchlich geheiratet werden. Diese stellt dann die kirchlich gültige Ehe dar. Kann die erste kirchlich geschlossene Ehe nicht annulliert werden, ist eine weitere Trauung nach katholischem Eherecht nicht möglich.

[Checkliste für die Trauung]

- ❒ **Trauungstermin:** Das Brautpaar muss, um eine kirchliche Ehe einzugehen, zunächst mit einem Priester oder Diakon am Trauungsort Kontakt aufnehmen. Ist dies nicht der Geistliche der Pfarrgemeinde am Wohnsitz, so muss eine Kirche gefunden werden, in der die Brautmesse gefeiert werden kann, und natürlich ein Priester oder Diakon, der bei der Eheschließung assistiert. Der Wohnortpfarrer erstellt dann eine Trauüberweisung an den trauenden Priester oder Diakon aus. Terminabsprachen für die Trauung sollten frühzeitig (rund 6 bis 12 Monate vorher) gemacht werden, aber erst nach der Festlegung des Termins sollten verbindliche Absprachen mit einem Restaurant usw. getroffen werden. Besonders im Frühjahr und Sommer sind Termine und günstige Zeiten schnell belegt. Üblicherweise wird meist am Samstagnachmittag oder -vormittag geheiratet.
- ❒ **Bescheinigungen für die Trauungsanmeldung:** Zur Trauungsanmeldung muss ein Personalausweis oder Reisepass vorgelegt werden. Das Brautpaar muss jeweils Taufbescheinigungen ihrer Taufpfarreien vorlegen, in denen sie getauft wurden. Diese Taufbescheinigungen dürfen nicht älter als sechs

Monate sein. Wenn ein Partner keinen Taufschein besorgen kann, wird ihm der Priester oder Diakon weiterhelfen. Das Firmzeugnis ist teilweise auf der Taufbescheinigung eingetragen, die Firmung ist aber nicht zwingend als Voraussetzung für die Trauung vorgeschrieben.

- ❒ Wichtig ist der **Ledigennachweis:** Wenn im Taufbuch der Taufpfarre kein Eintrag unter der Rubrik Ehe besteht, kann kirchlich geheiratet werden. Partner, die nicht Mitglied der katholischen Kirche sind, benötigen einen amtlichen Ledigennachweis durch eine Aufenthaltsbescheinigung, die sie beim Standesamt oder Einwohnermeldeamt erhalten. Für evangelische Partner erfolgt dieser Ledigenstandsnachweis aber auch durch ein Zeugnis der Eltern oder durch eine eidesstattliche Erklärung des oder der Betroffenen.

  Ist die vorhergehende katholische Ehe annulliert worden, sollte das Urteil des Offizialates (des kirchlichen Ehegerichts) vorgelegt werden.

  Seit dem 1. 1. 2009 ist das Vorlegen einer Heiratsurkunde vom Standesamt nicht mehr notwendig. Ausnahmsweise kann beim Bischof eine rein kirchliche Trauung beantragt werden. Die kirchliche Eheschließung wird zivilrechtlich nicht anerkannt.

  Bei ausländischen Brautleuten kann das Beibringen aller Urkunden langwieriger sein, was bei der zeitlichen Planung berücksichtigt werden sollte.
- ❒ **Ehevorbereitungsgespräch:** Vor der Trauung findet immer ein Ehevorbereitungsgespräch – früher das

Brautexamen genannt – mit dem trauenden Priester oder Diakon statt, über das ein Ehevorbereitungsprotokoll angefertigt wird. Zum einen möchte der Seelsorger das Brautpaar besser kennenlernen, damit er die Trauung persönlich gestalten kann. Die Brautleute können hier vor allem eigene Fragen zu Glauben und Kirche stellen. Der Geistliche wird mit ihnen auch das Verständnis des Ehesakramentes bzw. die Bedeutung der christlichen Ehe (auch in den Konfessionen oder in den Religionen, je nach Bedarf) besprechen. Im katholischen Eheverständnis geht es um die Unauflöslichkeit der Ehe, die Bereitschaft zur Treue und den Willen zur Elternschaft. Außerdem kommen mögliche Ehehindernisse wie z. B. Verwandtschaft der Brautleute oder zu frühes Alter zur Sprache. Der Geistliche wird hier zusammen mit den Brautleuten den Sinn und Aufbau des Traugottesdienstes in einer Wort-Gottes-Feier oder in einer Eucharistiefeier besprechen.
Zum anderen kann man gemeinsam offene Fragen zur Gottesdienstgestaltung wie Lied- und Textauswahl, die konkrete Beteiligung des Brautpaares, der Trauzeugen, von Verwandten und Freunden am Gottesdienst etc. gemeinsam klären. Nicht unerheblich sind die Klärungen von organisatorischen Details, falls noch offen, wie Fragen nach dem Taufschein oder dem Ledigennachweis etc.

❒ **Ehevorbereitungsseminar:** In der Zeit vor der Hochzeit sind die Brautleute häufig zeitlich sehr ausgelastet. Für eine umfassendere inhaltliche Vorbereitung auf die kirchliche Trauung bleibt kaum Zeit. Die katholische Kirche bietet deshalb Ehevorbereitungsseminare für Brautpaare an. Hier werden von erfahrenen Kursleitern in einer Gruppe von Brautpaaren zentrale Fragen der Ehe wie z. B. zum Stellenwert des gemeinsamen Glaubens thematisiert. Informationen über verschiedene Kursangebote für partnerschaftliches Lernen (EPL) und konstruktive Ehe-Kommunikation (KEK), die sich vor allem auf Fragen nach konstruktiver Kommunikation und Konfliktlösung spezialisiert haben, gibt es ebenfalls in der Pfarrgemeinde oder im Bistum (siehe www.epl-kek.de).

❒ **Trauassistenz:** Grundsätzlich ist der Pfarrer der Heimatpfarrei der Braut oder des Bräutigams Ansprechpartner für die Trauung. Er kann die Trauassistenz auch an einen Diakon weitergeben. In der Regel findet die Trauung in der Gemeinde statt, in der das Paar wohnhaft ist. Für den Ausnahmefall, dass die Brautleute in einer anderen Pfarrgemeinde heiraten möchten, stellt der Heimatpfarrer eine Trauüberweisung an seinen Kollegen am Wunschort aus. Grundsätzlich assistieren Geistliche nur bei der Eheschließung, das Sakrament spenden sich die Brautleute gegenseitig.

❒ **Trauzeugen** können Freunde und Verwandte sein. Sie unterschreiben nach der Trauung, dass die Ehe kirchlich auch wirklich geschlossen wurde. Sie müssen über 18 Jahre alt und voll geschäftsfähig sein.

- ❒ **Traugottesdienst:** Grundsätzlich ist die kirchliche Trauung ein kirchliches Fest im Rahmen eines Gottesdienstes. Dies bedeutet, es gibt eine feste Liturgie mit traditionellen Abläufen. Es wird aber ausdrücklich gewünscht, dass die Brautleute diesen Gottesdienst mit persönlichen Elementen gestalten, durch Liedauswahl, Festlegung von Lesungstexten und Evangelium, durch Gestaltung der Fürbitten. Darüber hinaus gibt es noch viele Möglichkeiten, diese kirchliche Trauung zu Ihrer eigenen Trauung zu machen, wie z. B. durch Blumenschmuck, Gestaltung der Hochzeitskerze etc. Verwandte und Freunde tragen sicher gerne ein Gebet, eine Fürbitte oder Lesung vor. Der trauende Priester oder Diakon, aber auch die Referenten im Ehevorbereitungsseminar unterstützen die Brautleute gerne bei Ihren Überlegungen.
- ❒ Der katholische Partner braucht für eine Eheschließung mit einem **konfessionsverschiedenen Partner** die Erlaubnis der Kirche, die im Regelfall immer gewährt wird. Er verspricht, dass er seinem Glauben treu bleiben und sich nach seinen Möglichkeiten für die katholische Taufe und Erziehung der Kinder einsetzen will. Außerdem muss der andere Partner dieses Versprechen seines katholischen Partners kennen. Beide müssen die Einheit und Unauflöslichkeit ihrer Ehe anerkennen.

  Bei einem religionsverschiedenen Partner muss ebenfalls die Erlaubnis der Kirche eingeholt werden, die im Regelfall immer gewährt wird. Der katholische Partner verspricht, seinem Glauben treu zu bleiben und sich nach Kräften zu bemühen, dass Kinder aus dieser Ehe katholisch getauft und erzogen werden. Der andere Partner muss dieses Versprechen kennen. Beide Partner müssen bei einer katholischen Eheschließung die Wesenseigenschaften der katholischen Ehe wie Einheit und Unauflöslichkeit sowie Treue und den Willen zum Kind anerkennen. Der Seelsorger achtet bei der kirchlichen Trauung mit darauf, dass der nicht getaufte Partner bei der Trauung keine Texte sprechen muss, die seinem Gewissen, seiner Religion oder seiner Überzeugung widersprechen.

[Literaturverzeichnis]

- Bischöfliches Ordinariat Würzburg – Hauptabteilung Seelsorge (Hrsg.): Ehe wir heiraten – Hinweise und Hilfen zur Vorbereitung Ihrer kirchlichen Hochzeit, Würzburg o. J.
- Bischöfliches Ordinariat Würzburg – Hauptabteilung Seelsorge (Hrsg.): Die kirchliche Trauung – Hinweise und Hilfen zur festlichen Gestaltung des Traugottesdienstes, Würzburg o. J.
- Bischofskonferenzen Deutschlands, Österreichs und der Schweiz sowie der (Erz-)Bischöfe von Bozen-Brixen, Lüttich, Luxemburg und Straßburg (Hrsg.): Die Feier der Trauung in den katholischen Bistümern des deutschen Sprachgebietes, Freiburg/Br. Herder 1998.
- Brantzen, Hubertus: Mehr als Worte und Gefühle. Liebe leben in Partnerschaft, Ehe, Familie, Freiburg/Br. Herder 2002.
- Deutsche Bischofskonferenz (Hrsg.): Auf dem Weg zum Sakrament der Ehe. Überlegungen zur Trauungspastoral im Wandel, Hirtenschreiben und Erklärungen Nr. 67, Bonn 2000.
- Deutsche Bischofskonferenz; Rat der Evangelischen Kirche (Hrsg.): Gemeinsame Feier der kirchlichen Trauung, Leipzig Evangelische Verlagsanstalt, Freiburg/Br. Herder-Verlag, Hannover Lutherisches Verlagshaus, Regensburg Verlag Friedrich Pustet 1995.
- Jung, Herbert: Alle Liebe ist aus Gott. Gottesdienste zur Hochzeit, Freiburg/Br. Herder 2005.
- Katholische Bibelanstalt (Hrsg.): Einheitsübersetzung der Heiligen Schrift, © Stuttgart Katholische Bibelanstalt 1980.
- Metz, Jutta (Hrsg.): Miteinander wachsen in Partnerschaft und Familie. Ein literarisches Lesebuch. München Fotokunst Verlag 1992.
- Probst, Manfred; Richter, Klemens: Die kirchliche Trauung, Freiburg/Br. Herder 1994.
- Schreiber, Michael: Kirchlich heiraten – aber wie? Anregungen und Beispiele für die Gestaltung der Trauung, Kevelaer Butzon & Bercker, überarbeitete Neuauflage 2006.

– Zoche, Herman-Josef: In guten und in schlechten Tagen. Kirchliche Hochzeit und was sonst noch dazu gehört, Augsburg Sankt Ulrich Verlag 2002.

[Quellenhinweise]

- Das Zitat von Max Frisch auf S. 58 erfolgt mit freundlicher Genehmigung des Suhrkamp Verlags.
- S. 58: Alle Autorenrechte liegen bei der Katholischen Akademie in Bayern. Romano Guardini, Zwei Reden zur Trauung, in: ders., Predigten zum Kirchenjahr, 2. Aufl. 1998, S. 235. Verlagsgemeinschaft Matthias Grünewald, Mainz/Ferdinand Schöningh, Paderborn.
- S. 59: Albert Camus, „Caligula" [„Einen Menschen lieben heißt einwilligen, mit ihm alt zu werden"], aus: Albert Camus, Dramen. Deutsche Übersetzung von Guido G. Meister. Copyright © 1959 by Rowohlt Verlag GmbH, Reinbek bei Hamburg
- S. 59: aus: Luciano de Crescenzo, Also sprach Bellavista – Neaperl, Liebe und Freiheit. Aus dem Italienischen von Birk Linde. Copyright © 1988 Diogenes Verlag Ag Zürich.
- S. 66: Franz Harant, Feierlicher Trauungssegen. Aus: kirchlich-heiraten.at/katholischheiraten.at, Pasching/Österreich 2009, © beim Autor.
- S. 106: Hans Manz, Klopfzeichen. Aus: Hans-Joachim Gelberg, (Hrsg.):, Großer Ozean. © 2000 Beltz & Gelberg in der Verlagsgruppe Beltz, Weinheim & Basel.
- S. 193: Reiner Kunze, Rudern zwei. Aus: ders., gespräch mit der amsel. © S. Fischer Verlag GmbH, Frankfurt am Main 1984.
- Die biblischen Texte sind entnommen aus: Einheitsübersetzung der Heiligen Schrift. © 1980 Katholische Bibelanstalt, Stuttgart. „Die Ständige Kommission für die Herausgabe der gemeinsamen liturgischen Bücher im deutschen Sprachgebiet erteilte für die aus diesen Büchern entnommenen Texte die Abdruckerlaubnis. Die darin enthaltenen biblischen Texte sind Bestandteil der von den Bischofskonferenzen des deutschen Sprachgebietes approbierten Einheitsübersetzung der Hl. Schrift.